# DOMESTICANDO AL DRAGÓN INTERIOR

UN LIBRO DE COLOREAR
EDUCATIVO PARA GENTE
CREATIVA DE TODAS
LAS EDADES

CREADO POR
KATIE McCLAIN

Un libro para colorear, aprender y sentirse bien!

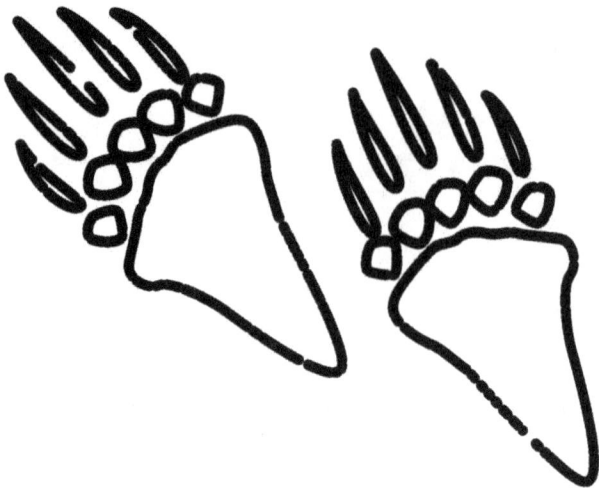

La autora Katie McClain es una mentora de vida certificada. El modelo de Auto-Enseñanza es utilizado con la autorización de The Life Coach School.

**ILUSTRADO POR**

Matthew McClain
Chuck McClain
Katie McClain

**DISENO DE PORTADA Y LIBRO**

Drai Bearwomyn

**EDICIÓN**

Grace Kerina

**PRIMERA EDICIÓN**

ISBN-13: 978-0692749050
ISBN-10: 0692749055
Impresso en los EE.UU.

**CONTACTA A KATIE PARA CONOCER MAS**

www.katiemcclain.com
katie@katiemcclain.com

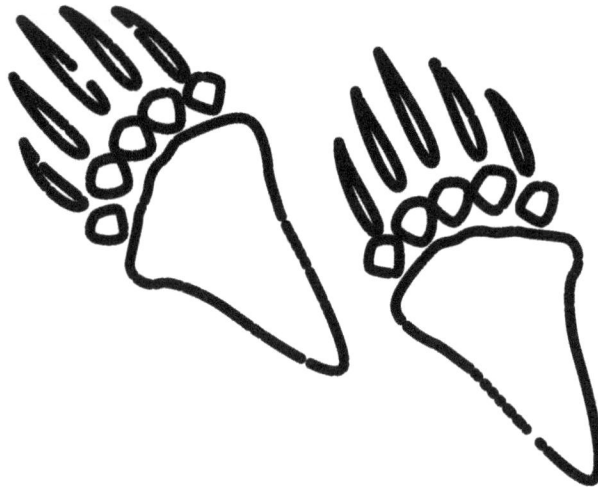

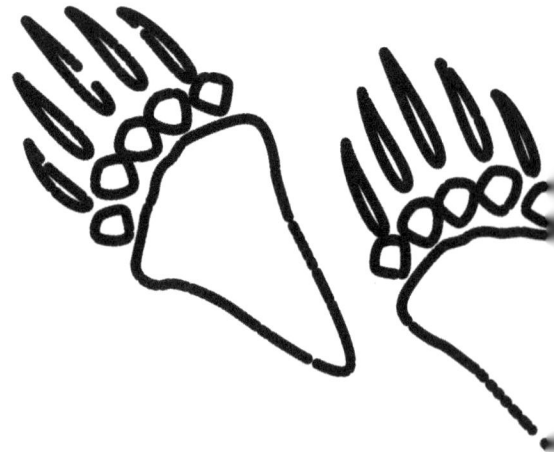

para

mi

familia

# CON
# AMOR

# TABLA DE CONTENIDO

Bienvenido! ...................................................................1

Cinco Herramientas Para Contar Mejores Historias ........2


## PRIMERA PARTE: CIRCUNSTANCIAS ........................5

HERRAMIENTA ⫶ CHARLIE EL ROBOT ............................7

Identifica los Hechos ....................................................8

Circunstancias: Perspectiva General y Consejos Útiles ............10

Narra una Mejor Historia ............................................11


## SEGUNDA PARTE: PENSAMIENTOS ......................13

HERRAMIENTA ⫶ DRAGÓN INTERIOR ..........................15

Conoce a tu Dragón Interior ........................................17

Dibuja a tu Dragón Interior ..........................................18

Pensamientos: Perspectiva General y Consejos Útiles ............19


## TERCERA PARTE: SENTIMIENTOS ........................21

HERRAMIENTA ⫶ ESCALERA *IDENTIFICA-TU-SENTIMIENTO* ............23

Dibuja Tu Sentimiento ..................................................24

Sentimientos: Perspectiva General y Consejos Útiles ............25


## CUARTA PARTE: ACCIÓN ......................................27

HERRAMIENTA ⫶ ANNIE EN ACCIÓN ............................29

Dibuja tu Super Poder ..................................................30

Acciones: Perspectiva General y Consejos Útiles ............31


## QUINTA PARTE: RESULTADOS ..............................33

HERRAMIENTA ⫶ MAGO ................................................35

Resultados: Perspectiva General y Consejos Útiles ............36

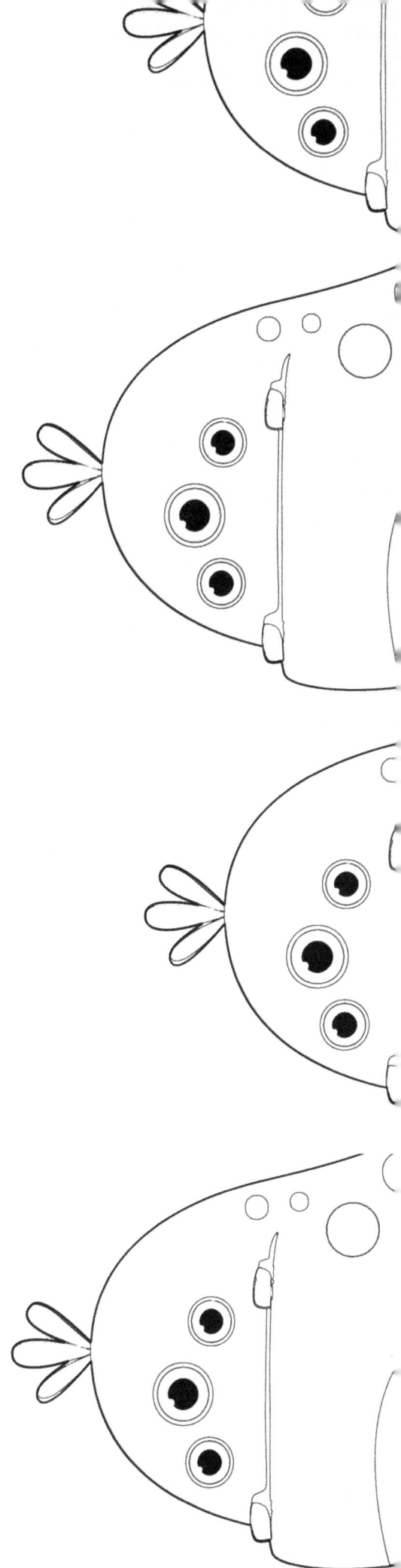

# BIENVENIDO

Estoy muy emocionada de que tengas este libro.

He creado este libro de colorear para ayudarte a aprender acerca de tus pensamientos y ayudarte a sentirte y estar mejor. Una vez que conozcas a tu Dragón Interior podrás obtener mejores calificaciones, preocuparte menos, divertirte más y ser más feliz.

Quiero que sepas que los Dragones Interiores no tienen por qué ser temibles. Un Dragón Interior es como un travieso amigo imaginario. Tanto niños como adultos tenemos estos amigos imaginarios llamados Dragones Interiores. Pero, ¿qué crees? A veces los Dragones Interiores no son de gran ayuda. Los Dragones Interiores nos pueden hacer sentir que no avanzamos. Tu Dragón Interior pudiera tratar de convencerte de que no intentes cosas nuevas que te ayudarían a aprender y a divertirte más.

¿Alguna vez realmente has deseado probar algo nuevo pero sentiste un poco de temor? Tal vez te dio miedo aprender a nadar o andar en bicicleta. Tal vez te sentiste realmente nervioso tu primer día de escuela.

Es natural ponerse un poco nervioso ante experiencias nuevas, pero a los Dragones Interiores no les gustan las experiencias nuevas EN ABSOLUTO. De manera que cuando deseas probar algo nuevo, tu Dragón Interior puede susurrarte pensamientos que pueden hacerte sentir tanto miedo que ni siquiera lo querrás intentar.

Un poco mas adelante en éste libro, conocerás a tu Dragón Interior, pero primero conocerás a Charlie el Robot, quien te ayudará a aprender como ser un robot y ver solamente los hechos acerca de las cosas que ocurren en tu vida. Después, aprenderás todo acerca de los sentimientos y de cómo usar la Escalera que llamaremos Identifica-Tu-Sentimiento. Seguido de esto, Annie en Acción te enseñará cómo ser un super héroe usando el poder de tus propios pensamientos. Finalmente, si pruebas todas las herramientas, verás como te convertirás en El Mago de tu propia vida!

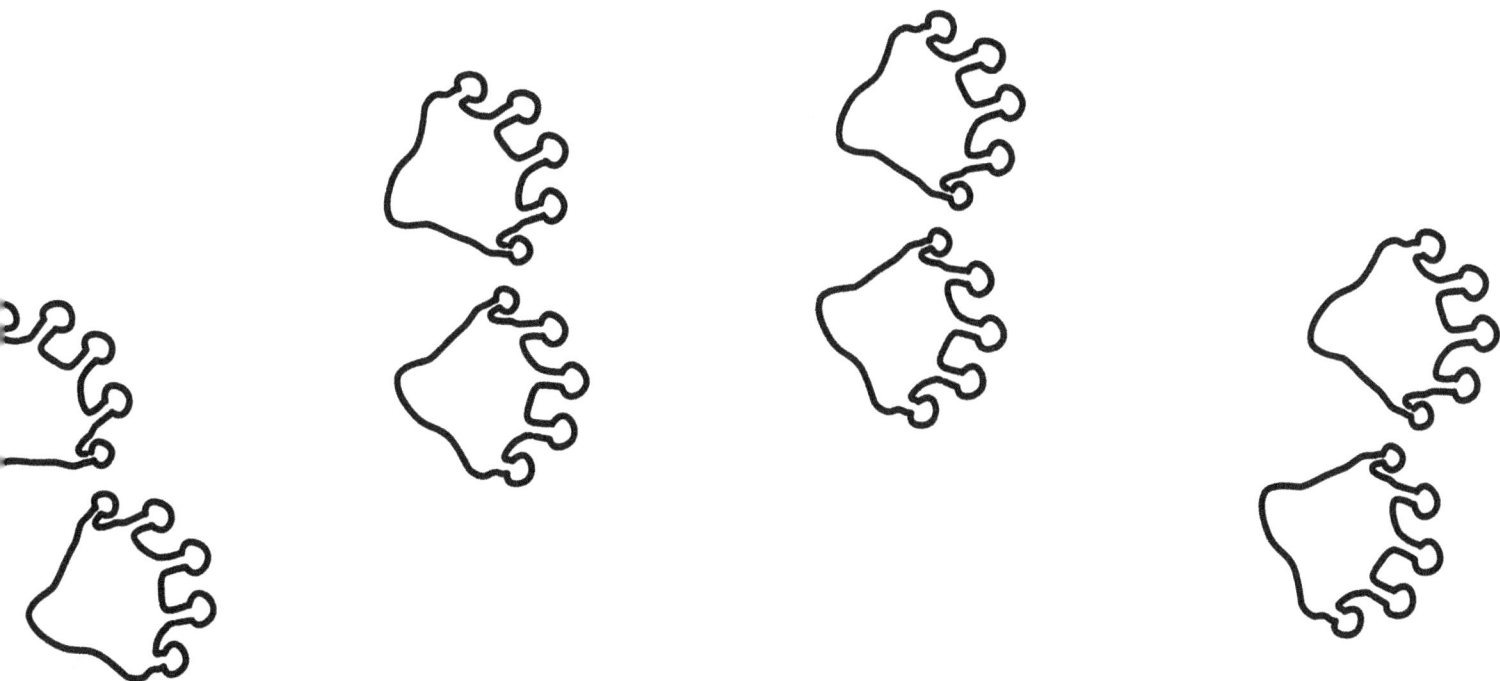

## CINCO HERRAMIENTAS PARA NARRAR MEJORES HISTORIAS

¿Crees tú que las historias felices son mejores? Yo sí lo creo. Yo creo que las historias con final feliz son las más divertidas, y te hacen sentir estupendo.

Éste libro de colorear te enseña como contar historias verdaderas acerca de tu vida que te harán sentir bien. Cualquier historia tiene el potencial de brindarte felicidad. Hasta una historia triste te puede hacer sentir feliz — Sólo necesitas buscar las partes verdaderas de la historia que te hacen sentir bien. En ocasiones una historia puede darte felicidad porque aprendiste algo nuevo de aquella experiencia.

Hay cinco herramientas especiales que te ayudarán a narrar mejores historias acerca de tu vida:

1. **CHARLIE EL ROBOT** – Las **circunstancias** son los hechos de la vida cotidiana que ocurren día a día. Charlie el Robot te ayuda a ver solamente los hechos que ocurren en tu día. Las circunstancias pueden generarnos pensamientos.

2. **TU DRAGÓN INTERIOR** – Los **pensamientos** son quienes fabrican las historias que contamos acerca de nuestro día. Conoce a tu Dragón interior y espía los pensamientos que te manda. Nosotros podemos elegir pensamientos que nos hagan sentir bien o mal.

3. **LA ESCALERA *IDENTIFICA-TU-SENTIMIENTO*** – Los **sentimientos** son sensaciones que sentimos en nuestros cuerpos. La Escalera Identifica-Tu-Sentimiento nos ayuda a ponerle nombre a nuestros sentimientos. Cuando tenemos pensamientos acerca de nuestras circunstancias, esto provoca que se originen sentimientos.

4. **ANNIE EN ACCIÓN** – Las **acciones** son algo que hacemos o no hacemos, dependiendo de como nos sentimos. Los sentimientos buenos nos ayudan a emprender acciones que nos benefician y los sentimientos malos nos ayudan a afrontar acciones que nos perjudican. Annie en Acción te ayudará a ser un Super Héroe con tus acciones.

5. **EL MAGO** – Los **resultados** provienen de nuestras acciones. Tú eres el Mago de tu propia vida cuando utilizas tus pensamientos para obtener mejores resultados en tu vida. Los resultados que tengamos se derivarán de nuestras acciones.

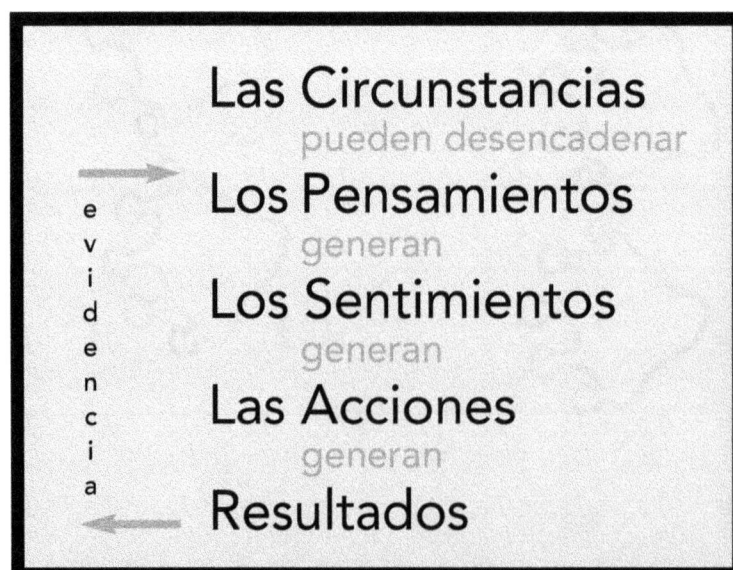

---

Las Circunstancias
pueden desencadenar

→ Los Pensamientos
generan

Los Sentimientos
generan

Las Acciones
generan

← Resultados

evidencia

©Brooke Castillo, Inc.

Para mostrarte como funcionan las cinco herramientas, te voy a contar una historia. La historia se trata de un hermano y una hermana que jugaban video juegos. El hermano se enojó con la hermana porque el pensó que ella estaba siendo injusta y no le estaba permitiendo ganar, y por lo tanto el hermano dejó de jugar con su hermana sintiéndose muy infeliz.

1 CHARLIE EL ROBOT nos ayuda a ver sólo los hechos que resultan de las **Circunstancias**:
- Hecho circunstancial: Hermano y hermana jugaban video juegos.

2 Al espiar a nuestro DRAGÓN INTERIOR se manifiestan los **Pensamientos** que nos hacen sentir mal.
- **Pensamiento: Mi hermana nunca me deja ganar.**

3 LA ESCALERA *IDENTIFICA-TU-SENTIMIENTO* nos ayuda a ponerle nombre a los Sentimientos provocados por nuestros **Pensamientos**:
- **Sentimiento: Enojado**

4 ANNIE EN ACCIÓN nos ayuda a distinguir las **Acciones** que nos benefician de las que nos perjudican.
- **Acción: Gritar a la hermana. Dejar de jugar video juegos con la hermana**

5 Todas las herramientas combinadas te ayudan a convertirte en el **MAGO** de tu vida de manera que puedas crear mejores **Resultados**:
- **Resultado: No mejoró sus habilidades como jugador (de videos), sentirse infeliz, peleando.**

Ésta es una historia triste porque el Dragón Interior del niño le envío un pensamiento que lo hizo sentir mal. Éste pensamiento se basaba en la idea de que su hermana no le permitía ganar. Debido a que el hermano no sabía NADA acerca de los Dragones Interiores, el creyó que el pensamiento negativo en relación a su hermana no permitiéndole ganar era cierto. El hermano se sintió mal, le grito a su hermana y dejó de jugar con ella. El resultado es que el hermano terminó peleado con su hermana, no jugó mas videojuegos, se sintió infeliz y no tuvo la oportunidad de mejorar sus habilidades como jugador. Todo esto sucedió por un pensamiento negativo que le envió su Dragón Interior!

Las cinco herramientas en éste libro te pueden ayudar a entender como las historias que te dices a ti mismo a través de tus pensamientos te pueden hacer sentir mal. Cuando contamos historias que nos hacen sentir mal, actuamos de una manera que no nos beneficia, no avanzamos y obtenemos malos resultados.

Entender como te hacen sentir tus pensamientos puede ayudarte a crear historias verdaderas que te harán sentir bien y que te beneficiarán.

Comencemos a colorear y a aprender!

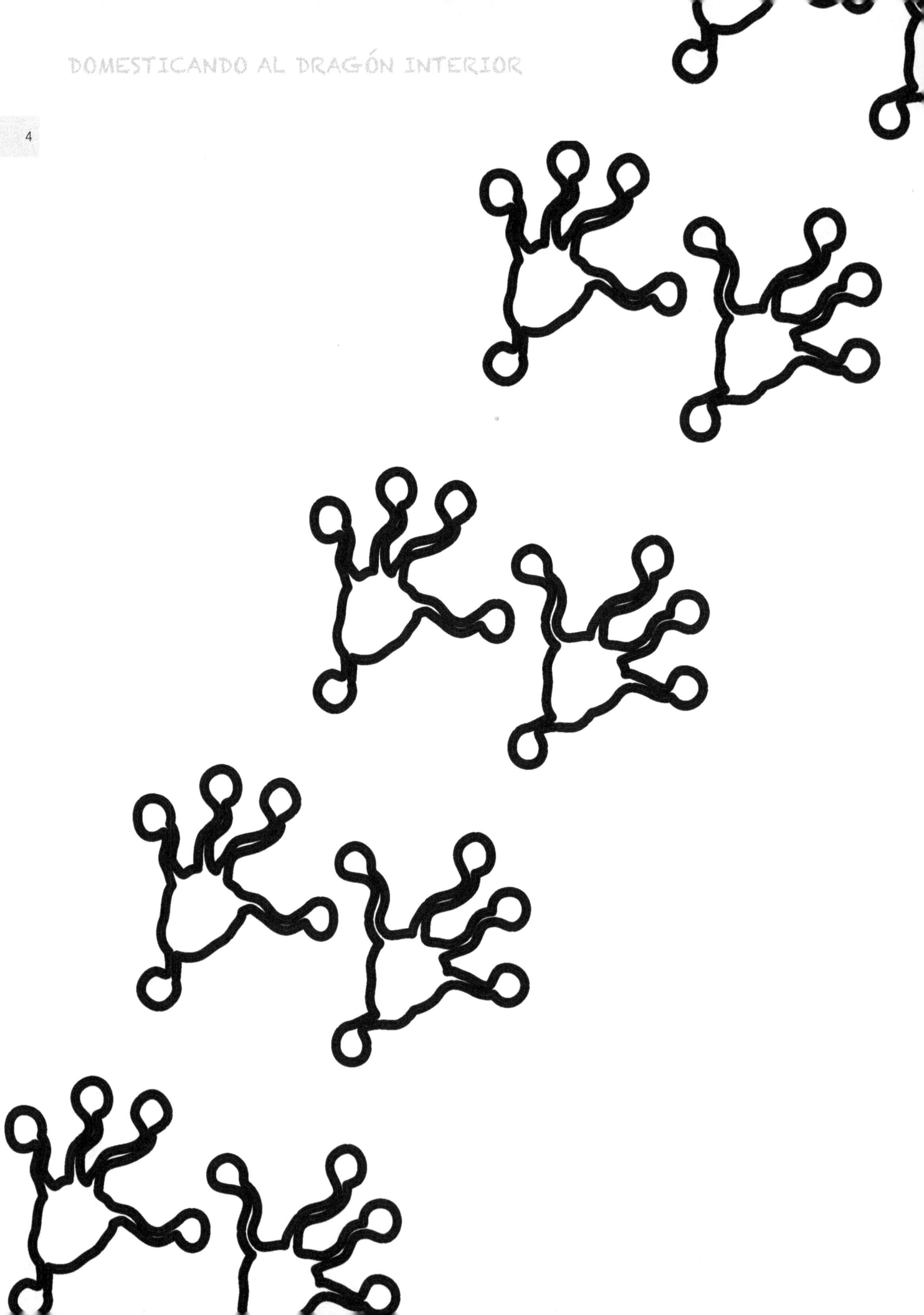

CIRCUNSTANCIAS

PRIMERA PARTE

"Piensa a la izquierda y piensa a la derecha
Piensa bajo y piensa alto.
Oh, los PENSAMIENTOS que puedes
pensarcon tan solo intentarlo!"

Dr. Seuss

# HERRAMIENTA: CHARLIE EL ROBOT

Hay cosas que suceden en nuestras vidas muchas veces al día. Éstos sucesos se llaman circunstancias. A continuación te mostraré algunos ejemplos de **Circunstancias**:

- Despertar
- Jugar con los amigos
- Ir a la escuela
- Presentar un examen
- Hacer tarea
- Alguien te cuenta algo

¿Conoces tú algún robot que tenga emociones? Yo no. Charlie el Robot te puede ayudar a **identificar los hechos** de las cosas que ocurren en tu vida. Los Robots no tienen emociones o sentimientos. Los Robots sólo **observan los hechos** de las cosas que pasan.

Las circunstancias no tienen ningún sentimiento o emoción apegados e ellas. Si observamos exactamente lo que pasó, no nos sentiremos ni felices ni tristes. Solamente veremos los hechos, sin un sentimiento que nos provoque malestar o bienestar.

Juega a ser un robot como Charlie y observa las cosas que pasaron durante el día de hoy. Mientras pretendes ser un robot, trata de **ver solamente los hechos** de lo que ocurrió. Ver los hechos te ayuda a eliminar las emociones que te hacen sentir mal.

En la historia que se presenta a continuación, trata de **Identificar los Hechos:**

Susie y Tracy jugaban juntas. Tracy eligió ser líder. Esto significó que Susie se convirtiera en su seguidora. Susie no quería ser la seguidora. Susie lloró y le platicó a su mamá que Tracy era una mandona!

A continuación encontrarás algunos de los hechos que tú (y Charlie el Robot) pudieron haber descubierto.

Susie y Tracey platicaban y jugaban.
Tracy eligió ser líder.
Susie empezó a llorar.
Susie habló con su mamá.

No necesitas pretender ser un robot y ver los hechos si te sientes bien o te sientes contento acerca de algo que ocurrió. Haz como si fueras un robot e identifica los hechos cuando ocurra algo que te hace sentir mal, triste o asustado.

En la siguiente página, practica el ejercicio con Charlie el Robot para ayudarte a **Identificar los Hechos** de las cosas que suceden.

8

## ACTIVIDAD | IDENTIFICA LOS HECHOS

Piensa acerca de lo que sucedió el día de hoy. Identifica los Hechos acerca de las cosas que ocurrieron en el hogar, en la escuela, con tu familia y tus amigos. Escribe los Hechos en los renglones a continuación como si Charlie el Robot hubiera observado todo tu día y hubiese visto tan solo los hechos. Asegúrate de no involucrar sentimientos o emociones cuando hagas tu lista. Pide ayuda a un adulto de ser necesario.

Te preguntaré algunas cosas para ayudarte a pensar acerca de tu día:

- Platícame acerca de tus amigos.
- ¿Qué sucedió en la escuela el día de hoy?
- ¿Qué desearías poder cambiar del día de hoy?
- ¿Qué sucede en tu vida?
- Platícame acerca de tu familia.

HECHO

HECHO

HECHO

HECHO

HECHO

HECHO

HECHO

HECHO

HECHO

HECHO

HECHO

HECHO

HECHO

HECHO

HECHO

HECHO

HECHO

HECHO

HECHO

HECHO

El Dragón Serpiente

# CIRCUNSTANCIAS

## DETALLES QUE RECORDAR ACERCA DE LAS CIRCUNSTANCIAS

1 Las circunstancias no se pueden cambiar - especialmente aquellas que ya ocurrieron.

2 Las circunstancias son hechos que se pueden probar.

3 Los hechos no duelen.

4 Las circunstancias no tienen porque herir nuestros sentimientos.

5 Cuando agregamos una palabra de contenido sentimental a una circunstancia, se transforma en un pensamiento (P) que no puede comprobarse como un hecho. Veamos el siguiente ejemplo:
.

Por ejemplo:

Ésta es una circunstancia (C):

    C    Yo tengo un maestro.

Ésta es una circunstancia a la que se le ha agregado una palabra de contenido sentimental

    P    Yo tengo un maestro malo

▪ Nuestros pensamientos acerca de nuestras circunstancias y las cosas que nos suceden nos pueden hacer sentir bien o mal.  Nosotros podemos elegir sentirnos bien con nuestras circunstancias.

## CONSEJOS ÚTILES

▪ Haz preguntas que te ayuden a identificar los hechos ocurridos.
▪ Las cosas que sucedieron en el pasado serán siempre una Circunstancia.
▪ Las palabras debería y no debería no pertenecen al mundo de los hechos.

# NARRA UNA MEJOR HISTORIA

Cuando pasa algo que te hace sentir mal, puedes utilizar los pasos enumerados a continuación para poner en practica la narración de mejores historias que sean ciertas y que te hagan sentir bien.

1   Cuenta la historia original de lo que ocurrió. Incluye todos los sentimientos.

2   Sé como Charlie el Robot y fíjate en los hechos.

3   Describe los detalles de los hechos ocurridos.

4   Omite toda palabra de contenido emocional o juicio de valor.

5   Cuenta la historia nuevamente narrando **solamente los hechos** esta vez.

6   Vuelve a contar tu historia de manera que sea cierta y también te haga sentir bien y en dominio de tu poder.

# PENSAMIENTOS

SEGUNDA PARTE

"Una persona con buenos pensamientos nunca podrá ser fea. Tú podrás tener una nariz torcida y una boca chueca, una barbilla doble y dientes salidos, pero si tienes buenos pensamientos, éstos brillarán a través de tu rostro como rayos de Sol y siempre te verás encantador.""

Roald Dahl

# HERRAMIENTA: DRAGÓN INTERIOR

Todos tenemos una pequeña voz interior que nos envía pensamientos. A veces los pensamientos nos hacen sentir mal y nos paralizamos o nos asustamos y dejamos de intentar. La voz se llama Dragón Interior. Cuando conocemos a nuestro Dragón Interior, comenzamos a notar (e ignorar) los pensamientos negativos que nos manda y los dejamos ir para elegir los pensamientos que nos hacen sentir bien.

Tu Dragón Interior es esa voz interior que te desanima a que intentes cosas nuevas. Te dice cuando cree que hiciste un mal trabajo o no trabajaste lo suficiente. Tu Dragón Interior a veces te dice que no eres tan inteligente, tan rápido o tan bello como otra persona. Los Dragones Interiores nos pueden impedir que alcancemos nuestras metas.

Tu Dragón Interior no quiere que tú cambies, porque esto le asustaría. Tu Dragón Interior piensa que te está ayudando cuando te susurra pensamientos como:

- No eres lo suficientemente inteligente.
- No les vas a caer bien.
- Tú arruinaste aquello.
- Tú no puedes hacer esto.

Cada uno de nosotros tiene un Dragón Interior único. Los Dragones Interiores son tan diferentes como lo son las personas. Algunos Dragones Interiores son niños, otros son niñas o algunos son simplemente cosas.

Este es Ronaldo. Es el Dragón interior de mi hijo. Yo creo que es lindo. No hay que temerles ni estar enojados con nuestros Dragones Interiores. Pese a que nuestros Dragones Interiores nos están intentando ayudar, muchos de los pensamientos que los Dragones Interiores nos hacen tener nos hacen sentir mal con nosotros mismos.

En la siguiente pagina, conocerás a tu Dragón Interior. Luego identificarás los pensamientos de malestar que tu Dragón te envía. No creas aquellos pensamientos que te hacen sentir mal! No son ciertos ni útiles.

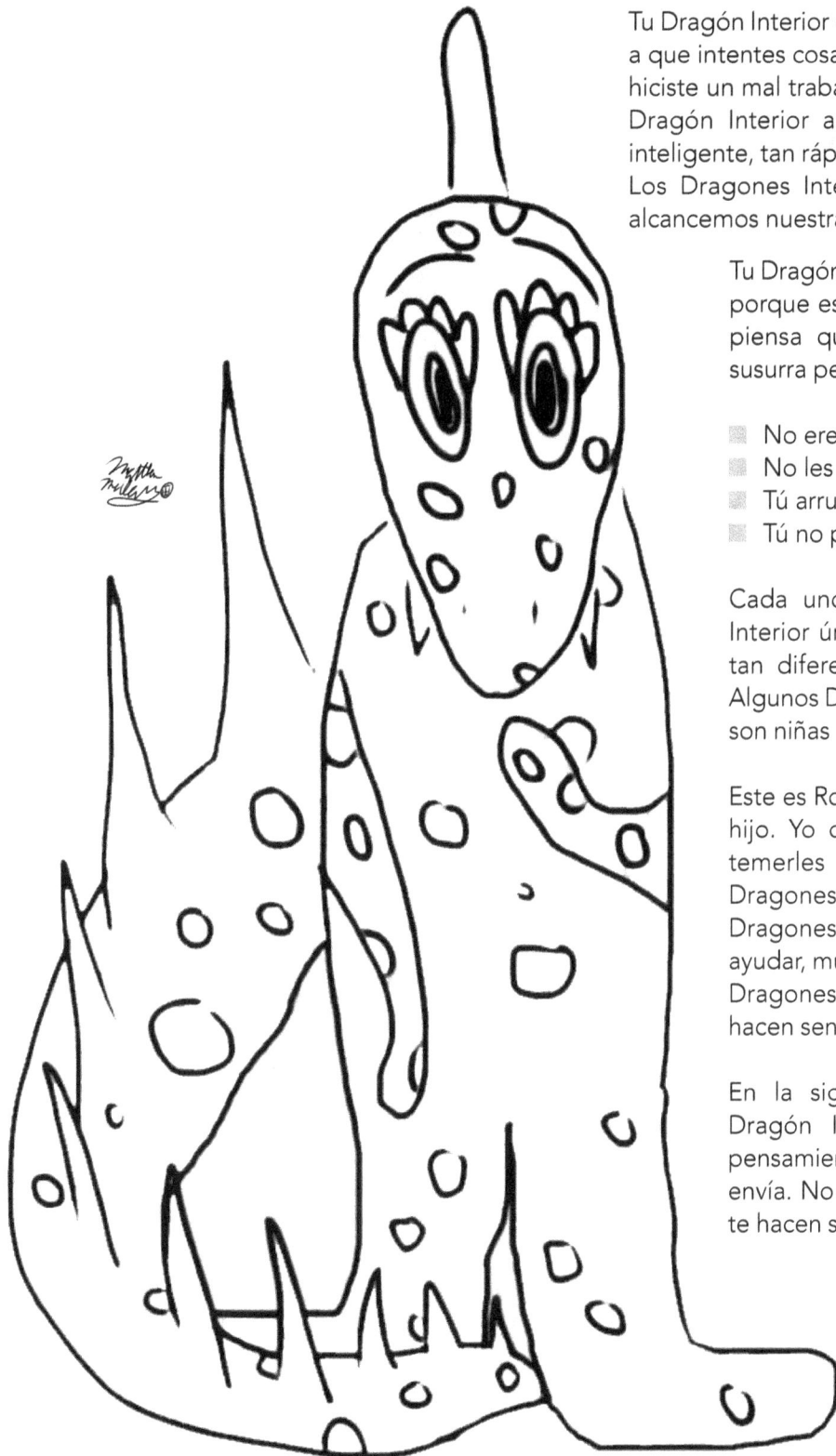

ronaldo

TE PRESENTO A OTROS DRAGONES INTERIORES

bloppy

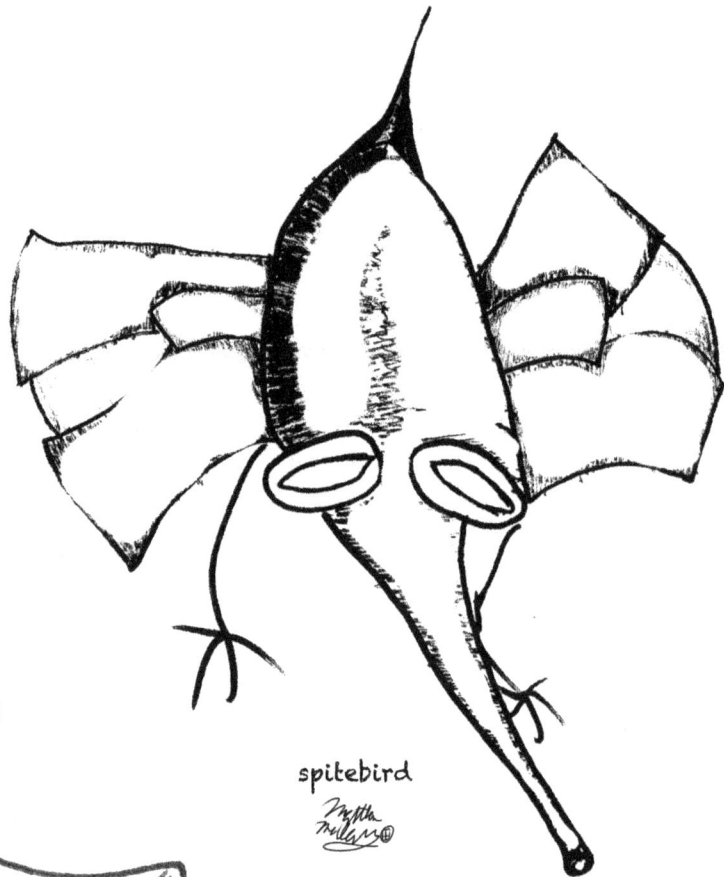

spitebird

p. squirrely

# CONOCE A TU DRAGÓN INTERIOR

¿Has escuchado los pensamientos negativos que tu Dragón te envía? ¿Conoces la apariencia de tu Dragón? ¿Sabes su nombre?

Conocer a tu Dragón Interior es una manera fácil de darte cuenta de los pensamientos que te hacen sentir mal para así poder convertirlos a pensamientos que te generen una sensación de bienestar. En la siguiente página, dibuja a tu Dragón Interior usando estos pasos:

1  **Respira profundamente y guarda silencio por un minuto.**

2  **Cierra tus ojos y escucha a tu Dragón Interior.**

3  **Ahora dibújalo.**

- ¿Ves cómo anda vestido?
- ¿Tiene algún trabajo en particular?
- ¿Usa alguna herramienta?

4  **Escucha el nombre de tu Dragón Interior.**

5  **Espía a tu Dragón Interior para que descubras los pensamientos que intenta mandarte y te hacen sentir mal.**

Cuando comienzas a darte cuenta de los pensamientos que te hacen sentir mal, pregúntate lo siguiente:

- ¿Cómo me siento cuando tengo éste pensamiento?
- ¿Qué tan grande es éste pensamiento? Puedo reducirlo?
- ¿Puedo encontrar algo gracioso acerca de éste pensamiento?
- Si mi mamá o papá tuviera este pensamiento, ¿qué le diría para ayudarlo a sentirse mejor?
- ¿Puedo descartar éste pensamiento?

Trata de dejar ir los pensamientos que te hacen sentir mal. Cámbialos por pensamientos que te hagan sentir bien.

---

Tu puedes convertir a tu Dragón Interior en un títere. Pídele permiso a tus padres para investigar cómo se hace un títere visitando la siguiente página:

http://katiemcclain.com/tametmresources/thoughtmonsterpuppet/

Qué disfrutes conociendo a tu Dragón Interior

18

# ACTIVIDAD | DIBUJA A TU DRAGÓN INTERIOR

Usando plumones o crayolas dibuja el Dragón Interior que visualizaste en tu imaginación. No te asustes! Tu Dragón Interior quiere ayudarte aunque en realidad no lo logra.

Conviértete en un espía y escucha a tu Dragón Interior. ¿Qué es lo que escuchas cuando tu Dragón Interior te hace sentir mal?

------------------------------------------------------------------------------------------------------

------------------------------------------------------------------------------------------------------

¿Qué pensamientos tendrías para hacerte sentir bien y qué elegirías creer acerca de ti mismo en lugar de

escuchar a tu Dragón Interior? --------------------------------------------------------------------------

------------------------------------------------------------------------------------------------------

## COSAS QUE DEBES RECORDAR SOBRE LOS PENSAMIENTOS

- Generamos pensamientos acerca de nuestras Circunstancias.

- Espía a tu Dragón Interior para que puedas identificar y cambiar los pensamientos que te hacen sentir mal.

- Los pensamientos que nos hacen sentir mal no son necesariamente ciertos.

- Los pensamientos que nos hacen sentir bien y nos dan fortaleza son pensamientos que son ciertos para ti.

- Cuantos más pensamientos tengas que te hagan sentir bien, mayores sentimientos de bienestar y creaciones en tu vida tendrás.

- Trata de omitir las palabras con contenido emocional en un pensamiento. Si el nuevo pensamiento es cierto y se siente mejor, has creado un nuevo pensamiento que te hace sentir bien!

## PISTAS ÚTILES

Intenta utilizar estos nuevos pensamientos para sentirte bien.

- Yo puedo hacer esto.
- Estoy aprendiendo en todo momento.
- Puedo elegir pensamientos que me hagan sentir bien.
- Soy inteligente.
- Soy feliz.
- Me amo a mi mismo.
- Yo pertenezco aquí.
- Puedo ser yo mismo(a).
- Soy lo suficientemente bueno(a)
- Él/ella hace lo mejor que puede.
- Yo soy el creador de mi vida.

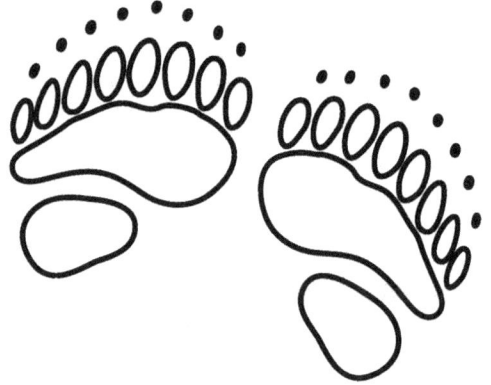

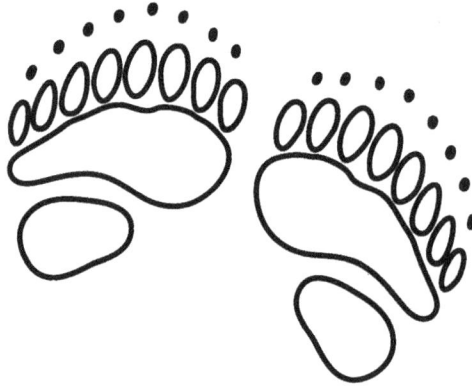

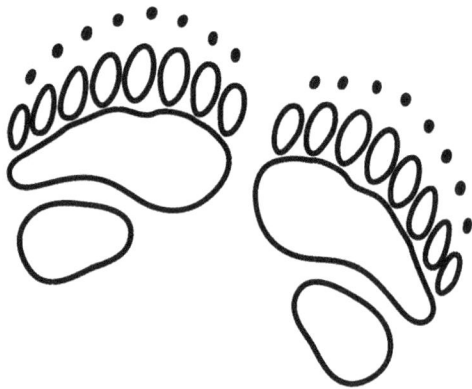

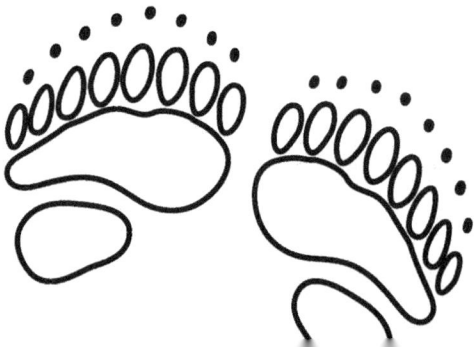

# SENTIMIENTOS

**TERCERA PARTE**

"Hagas lo que hagas,
debes hacerlo con sentimiento."

Yogi Berra

## CÓMO UTILIZAR LA ESCALERA IDENTIFICA-TU-SENTIMIENTO

Utiliza la Escalera Identifica-Tu-Sentimiento para ayudarte a ponerle nombre a tus sentimientos. El círculo en medio de la Escalera lo llamaremos neutral. Un sentimiento neutral es un sentimiento que no es ni bueno ni malo. Arriba del círculo encontrarás los sentimientos que nos brindan bienestar, clasificados como Sentimientos Felices/Poderosos. Abajo del círculo se encuentran los sentimientos que nos provocan malestar, clasificados como Sentimientos Tristes/Débiles. Si te das cuenta que tienes un sentimiento que te ocasiona malestar, puedes cambiar tu pensamiento con el fin de elevar tus sentimientos HACIA ARRIBA en la escalera y lograr sentirte mejor. Tú podrás moverte hacia arriba en la escalera, ya sea lentamente o dando un gran salto. Lo más importante que debes recordar es cuando descubras un nuevo pensamiento que te haga sentir bien, debes creer en el o de lo contrario no te ayudará.

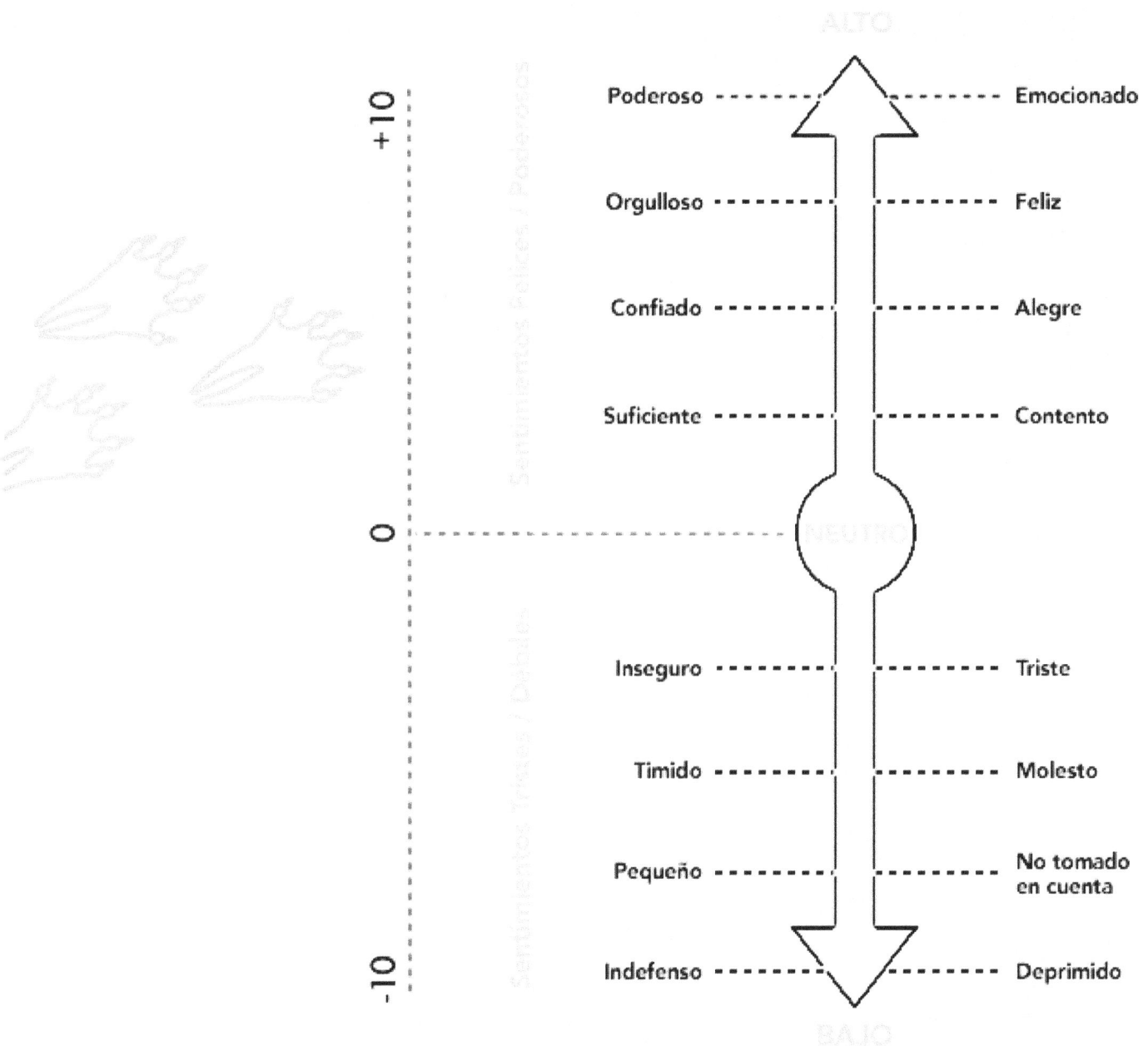

| | | |
|---|---|---|
| | ALTO | |
| +10 | Poderoso - - - - - - - - - - - - - Emocionado | |
| | Orgulloso - - - - - - - - - - - - - Feliz | |
| | Confiado - - - - - - - - - - - - - Alegre | Sentimientos Felices / Poderosos |
| | Suficiente - - - - - - - - - - - - - Contento | |
| 0 | NEUTRO | |
| | Inseguro - - - - - - - - - - - - - Triste | |
| | Timido - - - - - - - - - - - - - Molesto | Sentimientos Tristes / Débiles |
| | Pequeño - - - - - - - - - - - - - No tomado en cuenta | |
| -10 | Indefenso - - - - - - - - - - - - - Deprimido | |
| | BAJO | |

## ACTIVIDAD | DIBUJA TU SENTIMIENTO

Apuesto que eres muy bueno para sentir tus sentimientos. Cuando estás feliz, tú sonríes y te ríes. Cuando estás triste, tú frunces el ceño y lloras. Sentir tus sentimientos es algo bueno, pero a veces nos puede dar miedo sentir. Si tus sentimientos te dan mucho miedo o se vuelven muy tristes o abrumadores por favor pídele a un adulto que te ayude.

Piensa en algo que te haga feliz. ¿Puedes encontrar ese sentimiento feliz en tu cuerpo?

Describe uno de tus sentimientos y dibújalo de la misma manera que dibujaste a tu Dragón Interior. Sigue los pasos a continuación para dibujar cómo te sientes en este momento o piensa en algo que te haga sentir feliz y dibuja ese sentimiento. Puedes dibujar en el siguiente espacio en blanco.

1. Primero, cierra tus ojos y respira profundamente.

2. Concentra tu atención en la parte superior de tu cabeza y recorre lentamente tu cuerpo entero.

3. Detente en diferentes partes de tu cuerpo para observar si tienes algún sentimiento.

4. ¿Descubriste algún sentimiento?

5. ¿Dónde está?

6. Este sentimiento, ¿es duro o suave?

7. ¿Es frío o caliente?

8. ¿Está esponjado o puntiagudo?

9. ¿Tiene color este sentimiento?

10. ¿El sentimiento se mueve o cambia cuando le prestas atención?

11. Una vez que descubras tu sentimiento, dibújalo en el espacio a continuación.

12. Ponle nombre al sentimiento con una palabra de contenido emocional, tal como feliz, triste, preocupado, emocionado o cualquier otra. Si necesitas ayuda, puedes consultar la Escalera *Identifica-Tu-Sentimiento* de la página anterior o preguntar a un adulto.

Si el sentimiento no es muy triste y no te causa temor, obsérvalo para ver si cambia. Como en la mayoría de los sentimientos, si los observas, eventualmente desaparecen.

# SENTIMIENTOS

## DE TALLES QUE DEBES RECORDAR SOBRE TUS SENTIMIENTOS

- Las emociones y los sentimientos son sensaciones en nuestro cuerpo.

- Todo sentimiento se origina en los pensamientos (con excepción de las sensaciones de frío en invierno o calor en verano o cuando nos sentimos enfermos, heridos o hambrientos.)

- Si te sientes mal de alguna manera (y no estás enfermo o herido), pueden ser tus pensamientos los que ocasionan este sentimiento negativo.

- Intenta cambiar cómo te sientes a través de un cambio en tus pensamientos.

- Intenta pensar en un pensamiento e identifica el sentimiento en tu cuerpo que aquel pensamiento te produce.

- Cuando te permites experimentar tus sentimientos, estos desaparecen rápidamente. Cuando resistes tus sentimientos, se agrandan y se vuelven más intensos.

## ¿CÓMO TE QUIERES SENTIR?

Piensa en como te quieres sentir y después encuentra un pensamiento que te haga sentir de esa manera. Asegúrate de que ése nuevo pensamiento sea verdadero y que creas en él.

Si me quiero sentir **feliz**, Puedo pensar ***en mi amigo favorito***.

Ahora tú inténtalo:

Si me quiero sentir _____, puedo pensar _____.

Si me quiero sentir _____, puedo pensar _____.

Si me quiero sentir _____, puedo pensar _____.

# ACCIONES

## CUARTA PARTE

"Nutre tu mente con grandes pensamientos;
creer en lo heróico hace héroes."

Benjamin Disraeli

## ¡REIVINDICA TU SUPER PODER!

¿Sabes que tú tienes super poderes? Tus super poderes son las cosas que haces muy bien y que a menudo te resultan fácil de hacer. Puedes pasar hora tras hora en acción usando tus super poderes y tú apenas sientes cansancio.

Cierra tus ojos y piensa en una cosa en la que seas bueno haciendo. Puede ser el dibujo, los deportes, la lectura, el baile u otra cosa.

El principal super poder de Annie en Acción es el darse cuenta de sus pensamientos. El super poder de Annie se llama ser consciente de uno mismo. Annie puede descifrar los pensamientos que la hacen sentir bien y le dan fortaleza y los pensamientos que la hacen sentir mal y que no le son de gran ayuda. Ella usa sus super poderes al ser consciente de sí misma para poder elegir los pensamientos que la hacen sentir bien y actuar con poder. Annie piensa sus pensamientos más poderosos una y otra vez para convertirse en la super héroe de su propia vida.

Entre más te das cuenta de tus pensamientos e identificas aquellos que te hacen sentir bien, tal como lo hace Annie, más pronto podrás convertirte en el héroe de tu propia vida.

*Annie es muy consicente de sus pensamientos. Ella percibe la forma en la que sus pensamientos le hacen sentir y escoge pensamientos potentes que apoyan sus acciones. ¡Tú también puedes ser un super hérore en tu vida si también eres muy consciente de tus propios pensamientos!*

| ACTIVIDAD | DIBUJA TU SUPER PODER |
|---|---|

Piensa en algo en que realmente seas bueno. ¡Eso es un super poder! ¿Qué piensas o te dices a ti mismo momentos antes de usar este super poder?

Dibújate a ti mismo usando uno de tus super poderes.

Escribe los pensamientos que tienes cuando usas tu super poder:

_____

_____

_____

_____

_____

# ACCIONES

## DETALLES QUE RECORDAR ACERCA DE LAS ACCIONES

- Acciones son todas la cosas que haces.

- Las acciones son motivadas por tus sentimientos y tus sentimientos provienen de tus pensamientos.

- Si quieres cambiar tus acciones, primero cambia tus pensamientos.

- Para llevar a cabo cualquier acción, date la tarea de pensar en lo que te hace sentir bien y que te ha ayudado en aquellas acciones en las que tú ya sabes que eres bueno.

- Piensa en alguien que tú conozcas que pone en práctica las acciones que tú quieres realizar. Trata de pensar en lo que tú crees que ellos piensan. Asegúrate de que esos pensamientos te ayuden a tomar la acción que tú deseas.

## COMO CAMBIAR TUS ACCIONES

¿Tienes algún hábito o comportamiento que quieras cambiar? Las siguientes preguntas te ayudarán a sustituir una acción que no deseas por una acción mas poderosa.

- ¿Qué acción deseas emprender?
- ¿Qué sentimiento te podría conceder el poder de realizar dicha acción?
- ¿Qué pensamiento puedes tener que te ayude a sentir el sentimiento que motive a la acción que deseas tomar?

O intenta lo siguiente:

- Piensa en alguien de tu agrado que actualmente realice las acciones que tú deseas emprender.
- ¿Qué crees que esa persona está pensando antes de actuar?
- Trata de pensar de la misma manera y fortalece tus sentimientos para lograr las acciones que tú quieres.

# RESULTADOS

## QUINTA PARTE

"No existe el fracaso.
Solo hay resultados."

Tony Robbins

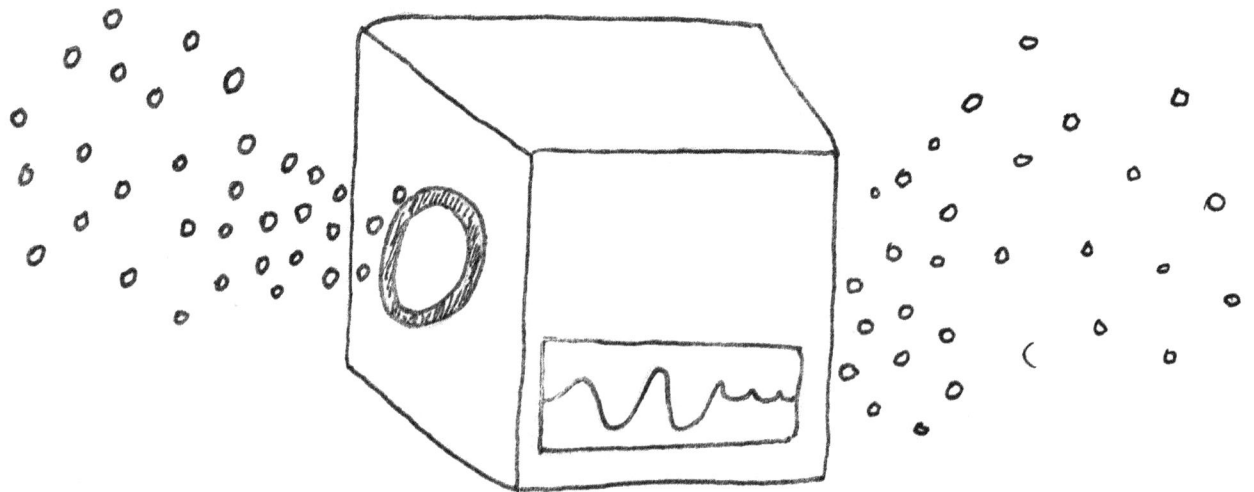

El Dragón Cuadrado

# HERRAMIENTA: EL MAGO

Si has intentado todas las herramientas contenidas en este libro, felicidades! Estás practicando ser el Mago de tu propia vida.

Aquí tienes un sombrero de copa y una varita mágica para que tu magia se vuelva oficial:

El Mago (Tú!) sabe como usar los pensamientos, sentimientos y acciones para crear los resultados deseados que te hagan sentir bien.

Éste libro nos ha enseñado la fórmula mágica para obtener los resultados que quieres:

- Conoce a tu Dragón Interior. Espía a tu Dragón Interior cada vez que te des cuenta de algún pensamiento negativo que te envíe. Entonces podrás elegir cambiarlo por un pensamiento que te haga sentir bien.

- Practica el describir y dibujar tus sentimientos. Cuando te quedes a solas con pensamientos que no te resulten demasiado temibles, a menudo podrás verlos desaparecer como por arte de magia.

- Pon atención a los pensamientos que te brinden bienestar. Tú puedes elegir pensamientos que te hacen sentir bien y que te fortalezcan para emprender acciones de super héroe.

¡Has hecho un buen trabajo como Mago!

Como el Mago que eres en tu vida, sigue practicando las herramientas presentadas en éste libro para ayudarte a crear toda la felicidad y diversión que tú desees.

# RESULTADOS

## DETALLES PARA RECORDAR ACERCA DE LOS RESULTADOS Y SER EL MAGO DE TU VIDA

- Un resultado es algo que tú creas con tus pensamientos y tus acciones.

- Si quieres que te vaya mejor en tu vida, busca pensamientos para sentirte mejor de manera que puedas actuar más poderosamente.

- Si deseas obtener mejores calificaciones, mejorar tu rendimiento en los deportes, tener amistades divertidas y ser más feliz, busca pensamientos que te hagan sentir mejor y que te ayuden a emprender mejores acciones.

## ¡DATE CUENTA DE LO MARAVILLOSO QUE ERES!

- ¿Cuáles son las cosas acerca de ti que te enorgullecen?
- ¿Por qué te sientes orgulloso de esas cosas acerca de ti?
- ¿Cuáles son algunos de los pensamientos que te brindan bienestar y que te hacen sentir orgulloso?
- ¡Sigue pensando pensamientos que te hagan sentir bien!

## CÓMO MEJORAR LOS RESULTADOS EN TU VIDA

1. Haz una lista de algunas áreas de tu vida que deseas mejorar, tales como las relaciones entre hermanos, amistades, calificaciones, deportes, etc.

2. ¿Como te **sentirás** cuando obtengas los resultados que deseas?

3. ¿Qué pensamiento puedes pensar **ahora mismo** para sentir el sentimiento que vas a tener cuando obtengas el resultado que quieres?

4. Si en éste momento tú piensas el pensamiento que te haga sentir mejor, es más probable que emprendas las acciones necesarias para mejorar tu vida

www.ingramcontent.com/pod-product-compliance
Lightning Source LLC
Chambersburg PA
CBHW080947050426
42337CB00055B/4725